まちごとチャイナ

Macau 001 Macau

はじめてのマカオ

めぐりあう
「東西文明」

Asia City Guide Production

【白地図】マカオ

CHINA
マカオ

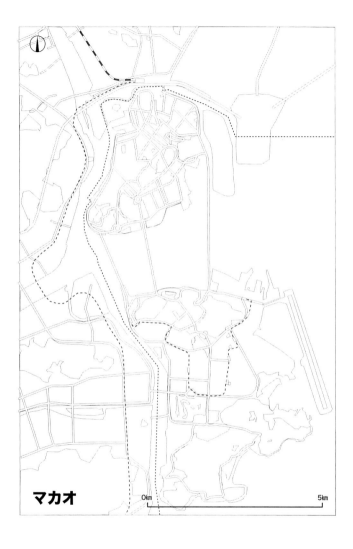

【白地図】マカオ半島南部

CHINA
マカオ

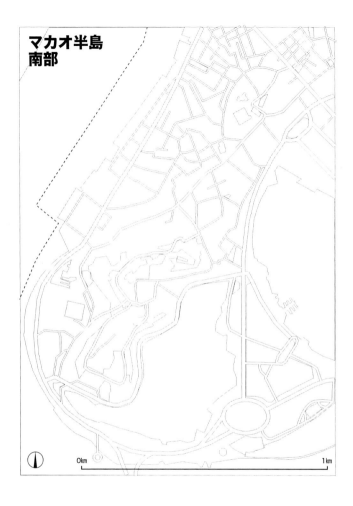

【白地図】ペンニャの丘西望洋山

CHINA
マカオ

【白地図】聖オーガスティン広場崗頂前地

CHINA
マカオ

【白地図】セナド広場

CHINA
マカオ

セナド広場

Macau 白地図

【白地図】聖ポール天主堂跡

CHINA
マカオ

聖ポール天主堂跡

Macau

白地図

【白地図】カモンエス公園白鴿巣公園

CHINA
マカオ

【白地図】内港

CHINA
マカオ

内港

Macau | 白地図

【白地図】マカオ半島南東部

【まちごとチャイナ】

マカオ 001 はじめてのマカオ

マカオ 002 セナド広場とマカオ中心部

マカオ 003 媽閣廟とマカオ半島南部

マカオ 004 東望洋山とマカオ半島北部

マカオ 005 新口岸とタイパ・コロアン

CHINA
マカオ

珠江河口部に位置するマカオ（澳門）は、中国広東省の先に伸びるマカオ半島とその先に浮かぶ島嶼部からなる。大航海時代に中国へ到達したポルトガルが1557年以来、ここに居住を許され、1999年に中国に返還されるまで450年ものあいだポルトガルの植民都市として発展してきた。

16世紀以来、マカオは東方における西欧の拠点となり、中国や日本、東南アジアとの交易が行なわれ、キリスト教の布教が進められた（イギリスが香港を割譲させたのが1842年のことで、東西交渉の場としてのマカオの歴史はより古い）。マ

まじりあう「東西文明」
澳門オウムン
Macau

カオを通じて南蛮文化が戦国時代の日本に伝えられ、またこの街は西欧への玄関口となっていた。

　現在もポルトガル統治時代の建物が立ちならび、「東アジアでもっとも美しい」と言われた聖ポール天主堂跡はじめ、セナド広場やキリスト教会などが美しいたたずまいを見せている。マカオの街なかに残る22の歴史的建造物と8つの広場は世界遺産に指定され、多くの観光客を集めている。

【まちごとチャイナ】
マカオ 001 はじめてのマカオ

目次

はじめてのマカオ ……………………………………… xx

教会と南欧の街並み ……………………………………… xxvi

半島南部城市案内 ……………………………………… xxxi

セナド広場城市案内 ……………………………………… xlvii

天主堂跡城市案内 ……………………………………… lv

マカオの人言葉祭り ……………………………………… lxiii

白鴿巣賈梅士花園城市案内 ……………………………… lxvii

内港城市案内 ……………………………………… lxxiii

半島南東城市案内 ……………………………………… lxxx

城市のうつりかわり ……………………………………… lxxxvii

【MEMO】

【地図】マカオの [★★★]

- ☐ 媽閣廟 A-Ma Temple 媽閣廟 [世界遺産]
- ☐ 議事亭前地 Senado Square セナド広場 [世界遺産]
- ☐ 大三巴牌坊 Ruins of St. Paul's
  聖ポール天主堂跡 [世界遺産]

【地図】マカオの [★★☆]

- ☐ 澳門旅游塔會展娛樂中心
  Macau Tower Convention &Entertainment Centre
  マカオ・タワー
- ☐ 葡京娛樂場 Grand Lisboa Casino リスボア・カジノ

教会と南欧の街並み

CHINA
マカオ

石づくりの教会や広場
16世紀以来、東洋のなかの西欧として
輝きを放ってきたマカオの姿

南蛮文化渡来の地

鉄砲とキリスト教、ズボンや肉食文化。16世紀、戦国時代の日本に、ポルトガル人やスペイン人(南蛮人)が伝えた南蛮文化は、古代の中国文化、明治時代以降の西欧文化とならんで日本社会に衝撃を与えたと言われる。衣食を中心に、今では日本語として定着しているパンやビスケット、テンプラ、カステラ、マントやズボン、メガネ、コップ、カルタなどはポルトガル語を起源とする。このような生活に根ざした言葉の数々は、1543年から1639年に鎖国が完成するまでの100年ほどのあいだで、南蛮文化が日本人に受け入れられたこと

▲左 キリスト教の壁画、ここは東洋のなかの西洋。 ▲右 アフリカ、インド、東南アジアの料理がもたらされた大航海時代の味

を示すのだという。この南蛮文化はマカオから長崎を通して日本に入り、キリシタン追放令で国外追放に憂き目にあった日本人が住んだのもマカオであった(天正少年使節の原マルチノはマカオで没している)。

娯楽の街

珠江から運ばれてきた泥によって形成された長さ5km幅2kmほどの面積をもつマカオ半島。その先に浮かぶタイパ、コロアンと埋め立てられてできたコタイ。マカオは限られた面積しかもたないものの、この街にはカジノ、競馬、ドッグ

マカオ

レース、闘牛、マカオ・グランプリなどの娯楽であふれ、街全体が歓楽街のようだとも言われる。とくにマカオの代名詞とも言えるカジノでは、一晩で巨額の富を築く者や財産を失う者の喜怒哀楽が見られる。中国本土や台湾、東南アジア、日本からもカジノ目当てに訪れる人が増加し、その売り上げは本場ラスベガスをしのぐという。

大航海時代の賜物

マカオの代表的料理として知られるアフリカン・チキンは、香辛料をふんだんに使ったトマトソースを鶏肉にかけたもの

▲左　南欧風の建物が続くセナド広場。　▲右　マカオは世界屈指のカジノ・シティ

で、ライムやココナッツも使われている。その源流はアフリカにあり、イベリア半島から喜望峰をまわったポルトガル人が彼の地で出合った鶏肉料理をもとにするという。この料理をゴア（インド）にもちこむと料理に香辛料が加わり、マラッカ半島を越えて中国にたどり着いたときには、東南アジアのココナッツも入るようになった。アフリカン・チキンは、15〜16世紀の大航海時代に西欧からアジアへと航海を続けたポルトガル人の足跡をたどることができる、「大航海時代の味」だと言える。

【MEMO】

CHINA
マカオ

**Guide,
South Macau**

半島南部
城市案内

南海へ突き出したマカオ半島
その南端には古い伝統をもつ媽閣廟が立ち
マカオ・タワーがそびえている

澳門旅游塔會展娛樂中心オウムンロイヤウタップウイチンユイロッチュンサン Macau Tower Convention &Entertainment Centre マカオ・タワー［★★☆］

高さ338m のマカオ・タワーは、西灣湖の南、マカオ半島最南端にそびえ、この街のシンボルとも言える。高さ233m の位置に展望台がそなえられ、ここからバンジージャンプをすることもできる。

【地図】マカオ半島南部

【地図】マカオ半島南部の [★★★]
- ☐ 媽閣廟 A-Ma Temple 媽閣廟 [世界遺産]
- ☐ 議事亭前地 Senado Square セナド広場 [世界遺産]

【地図】マカオ半島南部の [★★☆]
- ☐ 澳門旅游塔會展娛樂中心
  Macau Tower Convention &Entertainment Centre マカオ・タワー
- ☐ 西望洋山 Penha Hill ペンニャの丘
- ☐ 崗頂前地 St.Augustine's Square
  聖オーガスティン広場 [世界遺産]
- ☐ 新馬路（亞美打利庇盧大馬路）
  San Man Lo アルメイダ・リベイロ通り
- ☐ 福隆新街 Rua de Felicidade 福隆新街

【地図】マカオ半島南部の [★☆☆]
- ☐ 亞婆井前地 Lilau Square リラウ広場 [世界遺産]

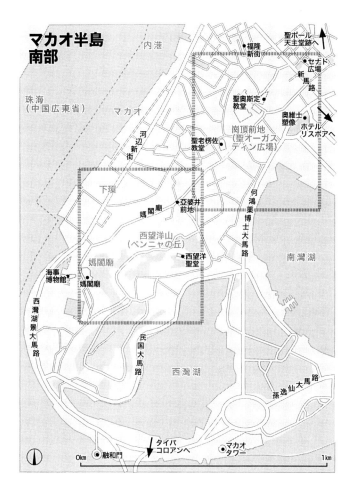

▲左 空へ伸びあがるようにそびえるマカオ・タワー。 ▲右 マカオはじまりの地でもある道教寺院の媽閣廟

媽閣廟マァコッミュウ
A-Ma Temple 媽閣廟 ［世界遺産］［★★★］

「海の守り神」媽祖がまつられた媽閣廟は、ポルトガル人がこの地に到来する以前の1488年（明代）に創建された伝統をもつ。古く福建省から広東省へ向かうジャンク船が南海で遭難したが、媽祖の霊験でマカオ半島に導かれ、媽閣廟の立つ場所にたどり着き、それを記念してこの廟が建てられた。その後、16世紀にこの地に上陸したポルトガル人が「ここはなんという場所か？」と尋ねたところ、「（この媽閣廟を指して）マーコウ」と原住民が答え、マカオという名前が定着

【MEMO】

CHINA
マカオ

したのだという。現在の建物は清代の19世紀に建てられたもので、埋め立ててできた媽閣廟前地とともに世界遺産に指定されているほか、すぐそばには海上交易に関する展示が見られる海事博物館がある。

▲左 マカオには花嫁がよく似合う、西望洋山にて。　▲右 中国伝統の建築様式が見られる媽閣廟

西望洋山サイモンヨンサン
Penha Hill ペンニャの丘 [★★☆]

マカオ半島南西部にそびえる西望洋山。標高60mの丘には西望洋聖堂が立ち、マカオ・タワー、タイパなどを見渡すことができる。麓にはマカオの治安にあたるイスラム教徒のムーア人宿舎として19世紀に建てられた港務局大樓［世界遺産］が残っている。

【地図】ペンニャの丘西望洋山

【地図】ペンニャの丘西望洋山の [★★★]
☐ 媽閣廟 A-Ma Temple 媽閣廟 [世界遺産]

【地図】ペンニャの丘西望洋山の [★★☆]
☐ 西望洋山 Penha Hill ペンニャの丘

【地図】ペンニャの丘西望洋山の [★☆☆]
☐ 亞婆井前地 Lilau Square リラウ広場 [世界遺産]

▲左　ゆったりとした時間が流れる亞婆井前地。　▲右　西望洋山の頂きに立つ教会

亞婆井前地アーポゥジェンチンデイ
Lilau Square リラウ広場 ［世界遺産］［★☆☆］

亞婆井前地は1557年にマカオに上陸したポルトガル人が最初に住居を構えたところで、丁寧に敷かれた石畳が見られる。西望洋山から湧き出る泉がわき、貴重な水源となってきたほか、近くには清末の実業家で思想家でもあった鄭観應の邸宅跡、鄭家大屋上［世界遺産］も残っている。またこの亞婆井前地から北側に広がる一帯は下環と呼ばれ、昔ながらの中国人の生活ぶりが見られる。

【MEMO】

CHINA
マカオ

崗頂前地コンデンチンデイ
St.Augustine's Square 聖オーガスティン広場［世界遺産］［★★☆］

崗頂前地（聖オーガスティン広場）には、スペインの聖オーガスティン修道会によって建てられ、16世紀末以来の伝統をもつ聖奥斯定教堂（聖オーガスティン教会）、19世紀以来、西欧人の社交場となってきた崗頂劇院（ドン・ペドロ5世劇場）、19世紀の香港、マカオで活躍した富豪ロバート・ホー・トンの別荘がおかれていた何東圖書館（ロバート・ホー・トン図書館）など世界遺産の西欧建築が集まる。また広場南西にはフランシスコ・ザビエルの右上腕骨が安置され、格式の

▲左　街なかにたたずむ聖老楞佐教堂。　▲右　波打つ石畳が美しい、崗頂前地にて

高いことで知られる聖約瑟修道院及聖堂（聖ジョセフ修道院と聖堂）、美しいステンドグラスなどで教会内部が彩られた聖老楞佐教堂（聖ローレンス教会）といった世界遺産にも指定されている教会が位置する。

【地図】聖オーガスティン広場崗頂前地

【地図】聖オーガスティン広場崗頂前地の [★★★]
- ☐ 議事亭前地 Senado Square セナド広場 [世界遺産]

【地図】聖オーガスティン広場崗頂前地の [★★☆]
- ☐ 崗頂前地 St.Augustine's Square
  聖オーガスティン広場 [世界遺産]
- ☐ 玫瑰堂 St. Dominic's Church
  聖ドミニコ教会 [世界遺産]
- ☐ 新馬路（亞美打利庇盧大馬路）San Man Lo
  アルメイダ・リベイロ通り
- ☐ 福隆新街 Rua de Felicidade 福隆新街

【地図】聖オーガスティン広場崗頂前地の [★☆☆]
- ☐ 三街會館(關帝古廟) Sun Kai Vui Kun
  三街会館 [世界遺産]

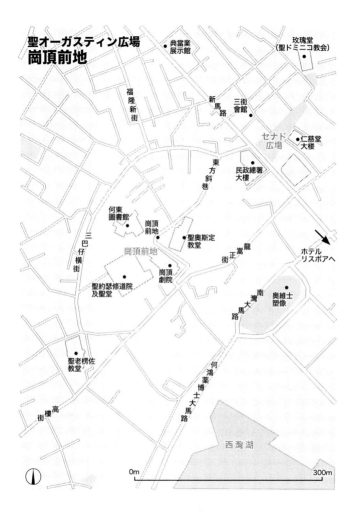

**Guide,
Senado Square**

セナド広場
城市案内

マカオの中心にあたるセナド広場
噴水がある広場の周囲には
美しい西欧建築がならぶ

議事亭前地イースィーテンチンデイ
Senado Square セナド広場 ［世界遺産］［★★★］

セナド広場はポルトガルの統治拠点がおかれていたところで、美しい石畳が敷かれた広場の中心には教皇境界線の敷かれた天球儀が残っている。この天球儀は15世紀の大航海時代にポルトガルとスペインで世界を二分したトルデシリャス条約が表現され、西経46度を境に西がスペイン、東がポルトガルのものととり決められていた。周囲にはマカオ市議会がおかれた民政總署［世界遺産］、1569年、初代マカオ司教カルネイロによって設立された慈善団体の仁慈堂［世界遺

【地図】セナド広場

【地図】セナド広場の [★★★]
- ☐ 議事亭前地 Senado Square セナド広場 [世界遺産]

【地図】セナド広場の [★★☆]
- ☐ 玫瑰堂 St. Dominic's Church
  聖ドミニコ教会 [世界遺産]
- ☐ 新馬路（亞美打利庇盧大馬路）San Man Lo
  アルメイダ・リベイロ通り

【地図】セナド広場の [★☆☆]
- ☐ 大堂（主教座堂）The Cathedral カテドラル [世界遺産]
- ☐ 三街會館 (關帝古廟) Sun Kai Vui Kun
  三街会館 [世界遺産]

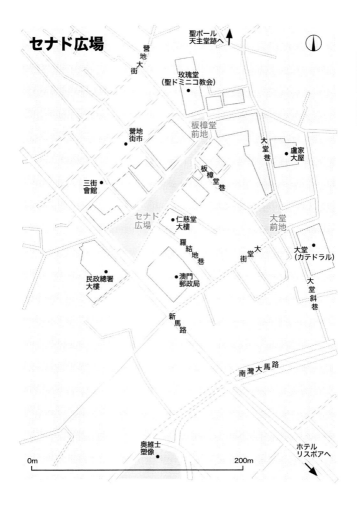

CHINA
マカオ

▲左　マカオ歩きの起点になるセナド広場。　▲右　黄色、白、ピンク、南欧風の建物が続く

産]、澳門郵政局といったポルトガル統治時代の建物がならぶ。セナド広場はマカオ市民の憩いの場となっている場所で、いつも多くの人でにぎわっている。

【MEMO】

マカオ

玫瑰堂ムイクゥイトン
St. Dominic's Church 聖ドミニコ教会 [世界遺産] [★★☆]

セナド広場の北側に位置する玫瑰堂（聖ドミニコ教会）。1587年、聖ドミニコ会のスペイン人修道士によって建てられた教会で、19世紀に黄色の外観に緑の窓枠をもつ現在の姿になった。内部に「バラの聖母像」を安置するところから、バラの教会とも呼ばれるほか、教会の前面には美しい板樟堂前地（聖ドミニコ広場）[世界遺産] が広がっている。

▲左　玫瑰堂のたたずまい、前方の広場もにぎわいが絶えない。　▲右　由緒正しい教会の大堂

大堂（主教座堂）ダイトン
The Cathedral カテドラル [世界遺産] [★☆☆]

セナド広場から東に位置する大堂（カテドラル）は、1576年以来、ローマ教皇の命でおかれた東アジア司教区を管轄するマカオの中心的な教会となっていた。内部は美しいステンドグラスで彩られているほか、前面の大堂前地（カテドラル広場）も世界遺産に指定されている。またここから北に走る大堂巷には19世紀の豪商、廬華詔の邸宅跡、廬家屋敷[世界遺産]が残っている。

【MEMO】

CHINA
マカオ

Guide,
Ruins of St. Paul's
天主堂跡
城市案内

破壊されて前面だけを残す聖ポール天主堂跡
東洋における西欧美術の傑作にあげられる
美しいたたずまいを見せている

大三巴牌坊ダイサンバァパイフォン
Ruins of St. Paul's 聖ポール天主堂跡 [世界遺産] [★★★]

1602年から40年の月日をかけて建てられた聖ポール天主堂跡。たび重なる火災で建物本体は消失し、ファザードだけを残すものの、聖母マリアやフランシスコ・ザビエルなどの美しい彫像が見られる。かつて「東洋にあるすべての教会のうち、もっとも威厳あり、もっとも美しい建築」と評されていたという。日本を追われたキリスト教徒がマカオに逃れたことから、日本人技術者もこの教会の建設に参加したと言い、長いあいだ中国におけるキリスト教の総本山の役割を果たし

【地図】聖ポール天主堂跡

【地図】聖ポール天主堂跡の [★★★]
- ☐ 大三巴牌坊 Ruins of St. Paul's
  聖ポール天主堂跡 [世界遺産]

【地図】聖ポール天主堂跡の [★★☆]
- ☐ 大三巴街 St. Paul's Road 聖ポール通り
- ☐ 玫瑰堂 St. Dominic's Church
  聖ドミニコ教会 [世界遺産]

【地図】聖ポール天主堂跡の [★☆☆]
- ☐ 哪咤廟 Na Tcha Temple ナーチャ廟 [世界遺産]
- ☐ 大炮台 Monte Fortress モンテの砦 [世界遺産]

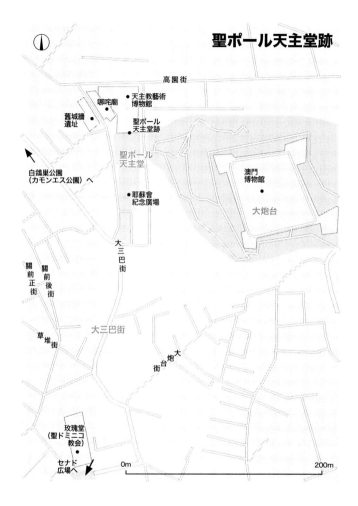

▲左　聖ポール天主堂跡へ続く大三巴街、多くの人でにぎわう。　▲右　マカオの中心に立つ聖ポール天主堂跡

てきた。礼拝の道具や宗教画などを展示する天主教藝術博物館、中国布教にあたった宣教師たちの骨をおさめる地下納骨堂（長崎で磔にあい、殉死した日本人殉教者のものもある）もおかれている。

大三巴街ダイサンバァガイ
St. Paul's Road 聖ポール通り［★★☆］

大三巴街は聖ポール天主堂跡へ通じる参道で、細い路地の両脇に店がずらりとならぶ。この通りを進んだ聖ポール天主堂跡前に、耶蘇會紀念廣場［世界遺産］が広がるほか、大三巴

【MEMO】

CHINA
マカオ

街の西の關前街には骨董品を扱う店が集まっている。

哪咤廟ナーチャミュウ
Na Tcha Temple ナーチャ廟　[世界遺産]　[★☆☆]

聖ポール天主堂跡の北西に立つ哪咤廟。1888年、マカオで疫病が蔓延したときに建てられ、『西遊記』や『封神演義』にも登場する神童ナーチャがまつられている。またこの廟のすぐそばには1569年にポルトガル人が築いた城壁跡の舊城牆遺址［世界遺産］も残っている。

▲左　中国の神さまがまつられている哪咤廟。　▲右　裏側から見た聖ポール天主堂跡のファザード

大炮台ダイパウトイ
Monte Fortress モンテの砦 ［世界遺産］［★☆☆］

聖ポール天主堂跡の東に位置する標高53mの丘にそびえる大炮台。マカオを守る要塞として17世紀初頭に建設され、22の大砲が海に向かって据えられている（17世紀のオランダとの戦いで、この要塞から撃たれた大砲がオランダを撃退した）。丘のうえにはマカオの歴史をたどることのできる澳門博物館が位置する。

マカオの人言葉祭り

ポルトガルと中国
ふたつの国が交錯するこの街では
独特の文化が育まれてきた

マカオの人

マカオ人の大多数を構成するのが地元の広東人で、そのほかに異国情緒を漂わせた西欧風の顔立ちをした人も見られる。彼らはポルトガル人やアフリカ系などと中国人が混血したマカニーズで、その混血の程度によって中国人に近い人から、ポルトガル人のような趣をした人まで幅広く、一口に定義することは難しいと言われる（本国の人口が少ないことから、ポルトガルでは人口を増やす目的で植民地の女性との結婚が奨励され、多くの混血児が生まれた）。キリスト教を信仰するなど、マカニーズは他の中国人とは異なる性格や習慣をも

CHINA
マカオ

ち、マカオ、香港、ポルトガル、ブラジルなど世界中に分布している。

マカオの言葉

マカオでは中国語とポルトガル語が公用語として使われ、道路の表記も、中国語とポルトガル語で併記されている。ポルトガルの植民地となったブラジルやゴア（インド）、マカオなどでポルトガル語が話され、かつて大航海時代のインド洋ではポルトガル語が海の公用語と言えるほど広まっていたという。一方、マカオで話されている中国語は、広東省や香港

▲左　市場ではマカオ人の生活ぶりが見られる。　▲右　街のいたるところにある広場

などと同じ広東語（中国語の一方言とされているが、普通語とは言語そのものが違うほどの隔たりがある）で、1999年の中国返還後は普通語（北京語）も広く聴かれるようになった。また観光都市であることから、カジノや観光地などでは英語も使われている。

マカオの祭り

中国とポルトガルの文化が混在するマカオでは、双方の祭りが行なわれている。キリスト教の祭りで有名なものとして、毎年5月、玫瑰堂（聖ドミニコ教会）から西望洋聖堂（ペ

▲左　中国語とポルトガル語が併記されている。　▲右　緑色の外壁をもつ建物

ンニャ教会）まで行列が続く「ファティマの聖母」、毎年2月、聖奥斯定教堂（聖オーガスティン教会）と大堂（カテドラル）のあいだを十字架を背負ったキリスト像をかついで歩く「パッソスの聖体行列」などの行列がある。中国の祭りでは、マカオの地名の由来にもなった媽閣廟で行なわれる、「海の守り神」媽祖の生誕日と昇天日（それぞれ旧暦の3月と9月）の祭りが知られる。

Guide,
Camoes Square
白鴿巣賈梅士花園城市案内

聖ポール天主堂跡から北に位置する白鴿巣賈梅士花園
世界遺産に指定された聖安多尼教堂
白鴿巣前地、東方基金會會址、基督教墳場などが位置する

聖安多尼教堂（花王堂）スィンオンドォネイカウトン
St. Anthony's Church 聖アントニオ教会 [世界遺産] [★☆☆]

マカオの街がつくられはじめたばかりの1565年からの伝統をもつ聖安多尼教堂（聖アントニオ教会）。当時は木と竹でつくられていたと言われ、1875年に現在の姿となった。「愛の守護者」聖アントニオがまつられ、結婚式に捧げられる花が多いことから花王堂（「花の教会」を意味する）とも呼ばれている。

【地図】カモンエス公園白鴿巣公園

【地図】カモンエス公園白鴿巣公園の [★★★]
- ☐ 大三巴牌坊 Ruins of St. Paul's 聖ポール天主堂跡 [世界遺産]

【地図】カモンエス公園白鴿巣公園の [★☆☆]
- ☐ 聖安多尼教堂（花王堂）St. Anthony's Church 聖アントニオ教会 [世界遺産]
- ☐ 白鴿巣賈梅士花園 Camoes Park カモンエス公園
- ☐ 哪咤廟 Na Tcha Temple ナーチャ廟 [世界遺産]

▲左　16世紀以来の伝統をもつ聖安多尼教堂。　▲右　清貧、貞潔の聖女像

白鴿巣賈梅士花園 パッカッチャオガァムイシィーファーユェン
Camoes Park カモンエス公園 [★☆☆]

マカオ市民の憩いの場となっている白鴿巣賈梅士花園（カモンエス公園）。カモンエスはポルトガルの国民的叙事詩『ウズ・ルジアダス』を記した詩人で、この公園前方の白鴿巣前地（カモンエス広場）が世界遺産に指定されているほか、公園東側に位置し、西欧商人の拠点がおかれていた東方基金會會址（カーサ庭園）、ロバート・モリソンなどプロテスタントの人々が眠る基督教墳場（プロテスタント墓地）といった世界遺産も残る。

【MEMO】

Guide,
Porto Interior
内港
城市案内

かつてマカオの港は珠江にのぞむ外港ではなく
中国珠海側の内港におかれていた
20世紀初頭の面影を伝える街並みが残る

新馬路（亞美打利庇盧大馬路）サンマァロゥ
San Man Lo アルメイダ・リベイロ通り［★★☆］

半島を横切るようにマカオ中心部を走る新馬路。セナド広場から内港にかけて通りの両脇に商店がならび、多くの人でにぎわっている。この通りには1917年に開業した質屋德成按の店から転用された典當業展示館が見られ、カジノの街マカオは質屋が多いことで知られてきた。

【地図】内港

【地図】内港の [★★★]
- ☐ 議事亭前地 Senado Square セナド広場 [世界遺産]

【地図】内港の [★★☆]
- ☐ 新馬路（亞美打利庇盧大馬路）San Man Lo
  アルメイダ・リベイロ通り
- ☐ 福隆新街 Rua de Felicidade 福隆新街
- ☐ 十月初五日街 Rua de Cinco de Outubro 十月初五日街
- ☐ 崗頂前地 St.Augustine's Square
  聖オーガスティン広場 [世界遺産]

【地図】内港の [★☆☆]
- ☐ 三街會館(關帝古廟) Sun Kai Vui Kun
  三街会館 [世界遺産]

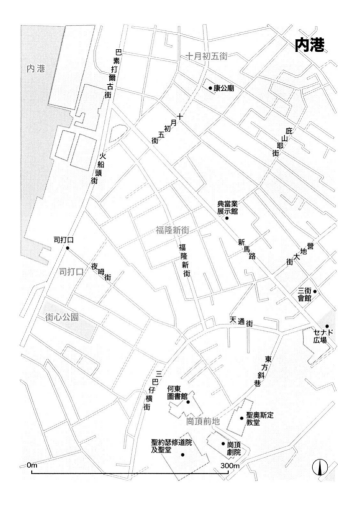

▲左 壁に描かれた絵、街は明るい雰囲気に包まれている。　▲右 妖艶さを放つ福隆新街

三街會館（關帝古廟）サンガイウイグン
Sun Kai Vui Kun 三街会館 ［世界遺産］［★☆☆］

三街會館は地縁、血縁を同じくする商人が集まる場所で、商売の神様として進行されている関羽がまつられている。伝統的な中国様式の建築となっていて、あたりには露店が軒を連ねる營地大街が位置する。

福隆新街フッロンサンガイ
Rua de Felicidade 福隆新街 ［★★☆］

19世紀末から20世紀なかごろまで、マカオ有数の歓楽街があっ

【MEMO】

▲左　赤の窓枠が印象的な福隆新街。　▲右　古い街並みが残る内港界隈

た福隆新街。アヘン窟や賭博場、売春宿がならんでいたと言われ、窓と戸口が赤く塗られた当時の様子が再現されている。

十月初五日街サッユェッチョングヤットガイ
Rua de Cinco de Outubro 十月初五日街　[★★☆]

内港近く、埋め立てられる以前の海岸線に沿って走る十月初五日街。ここには古くから中国人街が形成され、物資の陸揚げや運送を担う人々でにぎわっていたという。地元の人々の新興を集める道教寺院の康公廟が立ち、今でも下町情緒を残す街並みが残っている。

【MEMO】

Guide,
South East
半島南東
城市案内

CHINA
マカオ

マカオ半島東部にそびえる東望洋山
そこから南側は海を埋め立てることで
できた新口岸にはホテルや巨大施設がならぶ

東望洋山トンモンヨンサン Guia Hill ギアの丘 ［★★☆］

マカオ半島でもっとも高い標高92mの東望洋山（ギアの丘）。この丘の頂上には17世紀に捕虜となったオランダ人技術者の手を借りてつくられた東望洋炮台（ギア要塞）、高さ13ｍの東望洋燈塔（ギアの灯台）、マカオの植民がはじまったばかりの1620年代に建てられた歴史をもつ聖母雪地殿教堂（ギアの教会）などの世界遺産が残っている。これらの美しい建物が見られるほか、この丘からはマカオ市街が一望できる。

▲左　小さな教会と灯台が立つ東望洋山　▲右　錨の向こうに高層マンションが見える

葡京娛樂場ポギンジィロックチョン
Grand Lisboa Casino リスボア・カジノ ［★★☆］

「カジノ・シティ」マカオのなかでも、リスボア・カジノはこの街でもっとも伝統があるカジノとして知られる。マカオ経済を牽引してきたスタンレー・ホーの財閥によって建設され、ルーレット、バカラなどさまざまなゲームを楽しむことができる。

【地図】マカオ半島南東部

【地図】マカオ半島南東部の [★★★]
- ☐ 大三巴牌坊 Ruins of St. Paul's 聖ポール天主堂跡 [世界遺産]

【地図】マカオ半島南東部の [★★☆]
- ☐ 東望洋山 Guia Hill ギアの丘
- ☐ 葡京娛樂場 Grand Lisboa Casino リスボア・カジノ

【地図】マカオ半島南東部の [★☆☆]
- ☐ 新口岸 Nape 新口岸
- ☐ 大炮台 Monte Fortress モンテの砦 [世界遺産]

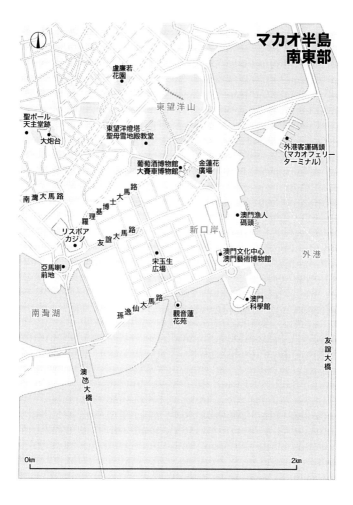

▲左　南海にのぞむように立つ西洋観音、台座の蓮はマカオを象徴する。
▲右　巨大建築が立ちならぶ新口岸

新口岸サンハウゴン Nape 新口岸　[★☆☆]

マカオの新口岸は埋め立て地で、澳門文化中心や澳門科學館などの大型施設が位置する。また外港にのぞむ新口岸の東側には、香港と往来する外港客運碼頭がおかれているほか、マカオ半島南端部には高さ20mの「西洋観音」が立つ。この新口岸の西側に広がる南灣湖の噴水は80mまで吹きあがり、夜には光と音楽によるショー南灣湖音楽噴水が行なわれる。

【MEMO】

城市のうつりかわり

海に面し、7つの丘がそびえるマカオ半島
1557年以来、ポルトガルの植民都市がおかれてきた
450年をへて中国に返還された街の姿

マカオへ上陸（16世紀）

大西洋に突き出したポルトガルは、15世紀にはじまる大航海時代でどの国よりも早く東方に進出し、1513年から中国近郊の海に姿を現していた。当時の中国（明代）では海禁策がとられ、外国人の入国は認められていなかったが、1557年、近海の海賊討伐に功があったことなどから、ポルトガルは地元の官憲に近づいて賄賂を送り、「海水で濡れた積み荷を渇かすため」という理由のうえ、マカオへの上陸を許された。上陸した当初、ポルトガル人は半島南西部の亞婆井前地（リラウ広場）あたりを拠点としていたが、マカオの発展ととも

CHINA
マカオ

に街は拡大し、教会や城塞が建てられるようになった。1605年から城壁が築かれ、その北側が中国人、南側がポルトガル人の居住地となった。

マカオの発展（16～17世紀）

マカオは西欧やキリスト教にとっての極東の拠点となり、西欧商人、中国商人、宣教師などがこの街に集まっていた。とくにこの時代のマカオの発展を支えたのが、当時、世界有数の銀産出量を誇った日本との交易で、中国の生糸を日本で売り、日本の銀を中国で売ることでポルトガルは莫大な富を

Macau　城市のうつりかわり

得ることになった（石見銀山の銀は、当時、世界の3分の1の産出量を占めたという）。またポルトガル人はキリスト教とともに南蛮文化を伝えて日本に大きな影響をあたえたが、1639年、江戸幕府の鎖国政策でポルトガルは日本から閉め出され、日本の交易相手はポルトガルからキリスト教の布教を行なわないと約束したオランダへと代わった。

【MEMO】

CHINA
マカオ

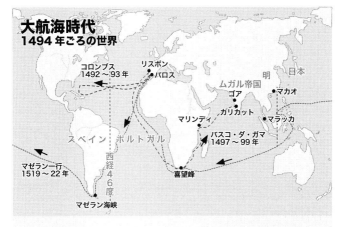

マカオ

広東システムのなかのマカオ（17〜19世紀）

日本交易が閉ざされたためマカオは一時、衰退したが、王朝が明から満州族の清へと代わったことで、再び活気をとり戻すようになった。清代も海禁策がとられていたが、清は対外交易を広州一港に定め、そこを外国との窓口にすることに決めた（広東システム）。外国商人が広州での滞在を許可されたのは、限られた期間であったため、オランダやイギリスの商人は広州に近いマカオに滞在し、交易の季節にだけ珠江をさかのぼって広州におもむくことになった。

Macau　城市のうつりかわり

アヘン戦争とマカオの凋落（19〜20世紀）

明代からマカオという特権的な地位を得ていたポルトガルに対して、新興国のイギリスは「自分たちのマカオ」を欲していた。17世紀以降、イギリスは輸入した中国茶がもとで貿易赤字におちいり、その代わりとしてインド産アヘンを中国に輸出した。1840年、これをとり締まった清朝とイギリスのあいだでアヘン戦争が起こり、敗れた清朝は広州、厦門、福州、寧波、上海を開港、香港島をイギリスに割譲することなった。香港は珠江河口部のマカオの対岸に位置し、天然の良港をもつことから、マカオの地位は相対的にさがり、香港

CHINA
マカオ

が新たな東アジアの貿易センターとなった。香港とマカオの逆転は、産業革命を成功させたイギリスとポルトガルの国力の差を示していた。また1853年に黒船で日本に来航したペリーは、その帰途にマカオ沖に停泊したという歴史もある。

第二次世界大戦（20世紀）

1937年、日中戦争が開戦すると華南にも戦火は飛び火し、日本軍はマカオ近くの広州に進軍した。戦局は、連合国（アメリカ、イギリス、中国など）と枢軸国（日本、ドイツ、イタリア）の対立する第二次世界大戦へと拡大するが、ポルト

▲左　ポルトガルの植民都市としてマカオは発展してきた。　▲右　のんびりとした南国のたたずまいをした街並み

ガルは双方につかず中立の立場をとったため、日本軍はマカオに進攻しなかった。そのため戦火から逃れる人々がマカオに流入し、1937年に15万に過ぎなかったマカオの人口は、1941年には50万人に増えている（イギリス領香港は日本軍の支配を受けることになった。また1942年、ポルトガル領東ティモールは日本軍に占領されている）。第二次大戦中のマカオは日本軍への物資を調達する供給地点となり、戦争特需が続いた。のちにカジノ王として名を馳せるスタンレー・ホーは物資を日本軍に売るなどして財をなし、戦後、マカオ経済を牽引する地位にまでのぼりつめた。

マカオ

マカオ返還へ（20世紀末〜21世紀）

1974年以後、ポルトガルは植民地の解放と国内の民主化を進め、海外の領土を放棄すると宣言した。1987年に中国とのあいだで「マカオは中国の領土で、ポルトガルが行政権を行使してきた」ということが確認され、香港の返還から遅れること2年、1999年12月20日にマカオは中国に返還された。ポルトガルの統治がはじまった1557年から450年が経過し、マカオは東アジアで最初のポルトガルの植民地で、最後まで残った植民地となった。中国に返還された1999年から、「50年間は制度を変えない」という一国二制度のもとでマカオは

Macau　城市のうつりかわり

運営され、中国の経済成長とともに富裕層が公的に認められたこの街を訪れ、マカオのカジノの売上げはラスベガスをしのぐとも言われるようになった。

参考文献

『マカオの歴史』(東光博英 / 大修館書店)

『マカオ歴史散歩』(菊間潤吾 / 新潮社)

『海の道と東西の出会い』(青木康征 / 山川出版社)

『中国とキリスト教』(矢沢利彦 / 近藤出版社)

『カジノの文化誌』(大川潤・佐伯 英隆 / 中央公論新社)

『世界大百科事典』(平凡社)

[PDF] マカオ空港案内 http://machigotopub.com/pdf/macauairport.pdf

まちごとパブリッシングの旅行ガイド
Machigoto INDIA , Machigoto ASIA , Machigoto CHINA

【北インド - まちごとインド】

001 はじめての北インド
002 はじめてのデリー
003 オールド・デリー
004 ニュー・デリー
005 南デリー
012 アーグラ
013 ファテープル・シークリー
014 バラナシ
015 サールナート
022 カージュラホ
032 アムリトサル

【西インド - まちごとインド】

001 はじめてのラジャスタン
002 ジャイプル
003 ジョードプル
004 ジャイサルメール
005 ウダイプル
006 アジメール（プシュカル）
007 ビカネール
008 シェカワティ
011 はじめてのマハラシュトラ
012 ムンバイ
013 プネー
014 アウランガバード
015 エローラ
016 アジャンタ
021 はじめてのグジャラート
022 アーメダバード
023 ヴァドダラー（チャンパネール）
024 ブジ（カッチ地方）

【東インド - まちごとインド】

002 コルカタ
012 ブッダガヤ

【南インド - まちごとインド】

001 はじめてのタミルナードゥ
002 チェンナイ
003 カーンチプラム
004 マハーバリプラム
005 タンジャヴール
006 クンバコナムとカーヴェリー・デルタ
007 ティルチラパッリ
008 マドゥライ
009 ラーメシュワラム
010 カニャークマリ
021 はじめてのケーララ
022 ティルヴァナンタプラム
023 バックウォーター（コッラム〜アラップーザ）
024 コーチ（コーチン）
025 トリシュール

【ネパール - まちごとアジア】

001 はじめてのカトマンズ
002 カトマンズ
003 スワヤンブナート

004 パタン
005 バクタプル
006 ポカラ
007 ルンビニ
008 チトワン国立公園

【バングラデシュ - まちごとアジア】

001 はじめてのバングラデシュ
002 ダッカ
003 バゲルハット(クルナ)
004 シュンドルボン
005 プティア
006 モハスタン(ボグラ)
007 パハルプール

【パキスタン - まちごとアジア】

002 フンザ
003 ギルギット(KKH)
004 ラホール
005 ハラッパ
006 ムルタン

【イラン - まちごとアジア】

001 はじめてのイラン
002 テヘラン
003 イスファハン
004 シーラーズ
005 ペルセポリス
006 パサルガダエ(ナグシェ・ロスタム)
007 ヤズド
008 チョガ・ザンビル(アフヴァーズ)
009 タブリーズ

010 アルダビール

【北京 - まちごとチャイナ】

001 はじめての北京
002 故宮(天安門広場)
003 胡同と旧皇城
004 天壇と旧崇文区
005 瑠璃廠と旧宣武区
006 王府井と市街東部
007 北京動物園と市街西部
008 頤和園と西山
009 盧溝橋と周口店
010 万里の長城と明十三陵

【天津 - まちごとチャイナ】

001 はじめての天津
002 天津市街
003 浜海新区と市街南部
004 薊県と清東陵

【上海 - まちごとチャイナ】

001 はじめての上海
002 浦東新区
003 外灘と南京東路
004 淮海路と市街西部
005 虹口と市街北部
006 上海郊外(龍華・七宝・松江・嘉定)
007 水郷地帯(朱家角・周荘・同里・甪直)

【河北省 - まちごとチャイナ】

001 はじめての河北省
002 石家荘
003 秦皇島
004 承徳
005 張家口
006 保定
007 邯鄲

【江蘇省 - まちごとチャイナ】

001 はじめての江蘇省
002 はじめての蘇州
003 蘇州旧城
004 蘇州郊外と開発区
005 無錫
006 揚州
007 鎮江
008 はじめての南京
009 南京旧城
010 南京紫金山と下関
011 雨花台と南京郊外・開発区
012 徐州

【浙江省 - まちごとチャイナ】

001 はじめての浙江省
002 はじめての杭州
003 西湖と山林杭州
004 杭州旧城と開発区
005 紹興
006 はじめての寧波
007 寧波旧城
008 寧波郊外と開発区
009 普陀山

010 天台山
011 温州

【福建省 - まちごとチャイナ】

001 はじめての福建省
002 はじめての福州
003 福州旧城
004 福州郊外と開発区
005 武夷山
006 泉州
007 厦門
008 客家土楼

【広東省 - まちごとチャイナ】

001 はじめての広東省
002 はじめての広州
003 広州古城
004 天河と広州郊外
005 深圳（深セン）
006 東莞
007 開平（江門）
008 韶関
009 はじめての潮汕
010 潮州
011 汕頭

【遼寧省 - まちごとチャイナ】

001 はじめての遼寧省
002 はじめての大連
003 大連市街
004 旅順
005 金州新区

006 はじめての瀋陽
007 瀋陽故宮と旧市街
008 瀋陽駅と市街地
009 北陵と瀋陽郊外
010 撫順

【重慶 - まちごとチャイナ】

001 はじめての重慶
002 重慶市街
003 三峡下り（重慶～宜昌）
004 大足

【香港 - まちごとチャイナ】

001 はじめての香港
002 中環と香港島北岸
003 上環と香港島南岸
004 尖沙咀と九龍市街
005 九龍城と九龍郊外
006 新界
007 ランタオ島と島嶼部

【マカオ - まちごとチャイナ】

001 はじめてのマカオ
002 セナド広場とマカオ中心部
003 媽閣廟とマカオ半島南部
004 東望洋山とマカオ半島北部
005 新口岸とタイパ・コロアン

【Juo-Mujin（電子書籍のみ）】

Juo-Mujin 香港縦横無尽
Juo-Mujin 北京縦横無尽
Juo-Mujin 上海縦横無尽

【自力旅游中国 Tabisuru CHINA】

001 バスに揺られて「自力で長城」
002 バスに揺られて「自力で石家荘」
003 バスに揺られて「自力で承徳」
004 船に揺られて「自力で普陀山」
005 バスに揺られて「自力で天台山」
006 バスに揺られて「自力で秦皇島」
007 バスに揺られて「自力で張家口」
008 バスに揺られて「自力で邯鄲」
009 バスに揺られて「自力で保定」
010 バスに揺られて「自力で清東陵」
011 バスに揺られて「自力で潮州」
012 バスに揺られて「自力で汕頭」
013 バスに揺られて「自力で温州」

【車輪はつばさ】
南インドのアイラヴァテシュワラ寺院には建築本体に車輪がついていて寺院に乗った神さまが人びとの想いを運ぶと言います。

・本書はオンデマンド印刷で作成されています。
・本書の内容に関するご意見、お問い合わせは、発行元の
　まちごとパブリッシング info@machigotopub.com までお願いします。

まちごとチャイナ
マカオ001はじめてのマカオ
〜めぐりあう「東西文明」［モノクロノートブック版］

2017年11月14日　発行

著　者	「アジア城市（まち）案内」制作委員会
発行者	赤松　耕次
発行所	まちごとパブリッシング株式会社 〒181-0013　東京都三鷹市下連雀4-4-36 URL http://www.machigotopub.com/
発売元	株式会社デジタルパブリッシングサービス 〒162-0812　東京都新宿区西五軒町11-13 清水ビル3F
印刷・製本	株式会社デジタルパブリッシングサービス URL http://www.d-pub.co.jp/

MP113

ISBN978-4-86143-247-7 C0326　　　　Printed in Japan
本書の無断複製複写（コピー）は、著作権法上での例外を除き、禁じられています。